Écrit par Nicolas Grenier
Illustré par Donald Grant

Conseil pédagogique :
Équipe du bureau de l'Association Générale des Instituteurs et Institutrices des Écoles et Classes Maternelles Publiques.

Conseil éditorial :
Philippe Jacquin, Assistant en Histoire Moderne, Université de Lyon III.

ISBN: 2-07-039725-4

Loi n. 49-956 du 16 juillet 1949 sur les publications destinées à la jeunesse
1er dépôt légal: Novembre 1985. Dépôt légal: Septembre 1993. Numéro d'édition: 66016
Imprimé par la Editoriale Libraria en Italie

GALLIMARD JEUNESSE

Sur les traces des Indiens d'Amérique

DECOUVERTE BENJAMIN

Les hommes rouges

Ruse de Sioux et file indienne, hache de guerre et calumet de la paix : tu connais les Indiens ! C'est ce que tu crois, dès que tu aperçois, dans un livre d'images ou un western, un tepee, une coiffure à plumes d'aigle ou des signaux de fumée.

Sais-tu d'abord pourquoi on les appelle les Indiens, alors qu'ils habitent l'Amérique ? Tout simplement parce que, lorsque Christophe Colomb, en 1492, débarqua en Amérique, il croyait être arrivé aux Indes et rencontrer des Indiens ! Ce nom leur est resté.

Au temps de la préhistoire, les chasseurs indiens poursuivaient les bisons jusqu'au bord d'un précipice. Les animaux, affolés, tombaient les uns après les autres.

Indiens des plaines au XIXe siècle

Les premiers Américains sont les chasseurs nomades venus d'Asie, à la recherche d'un gibier plus abondant.

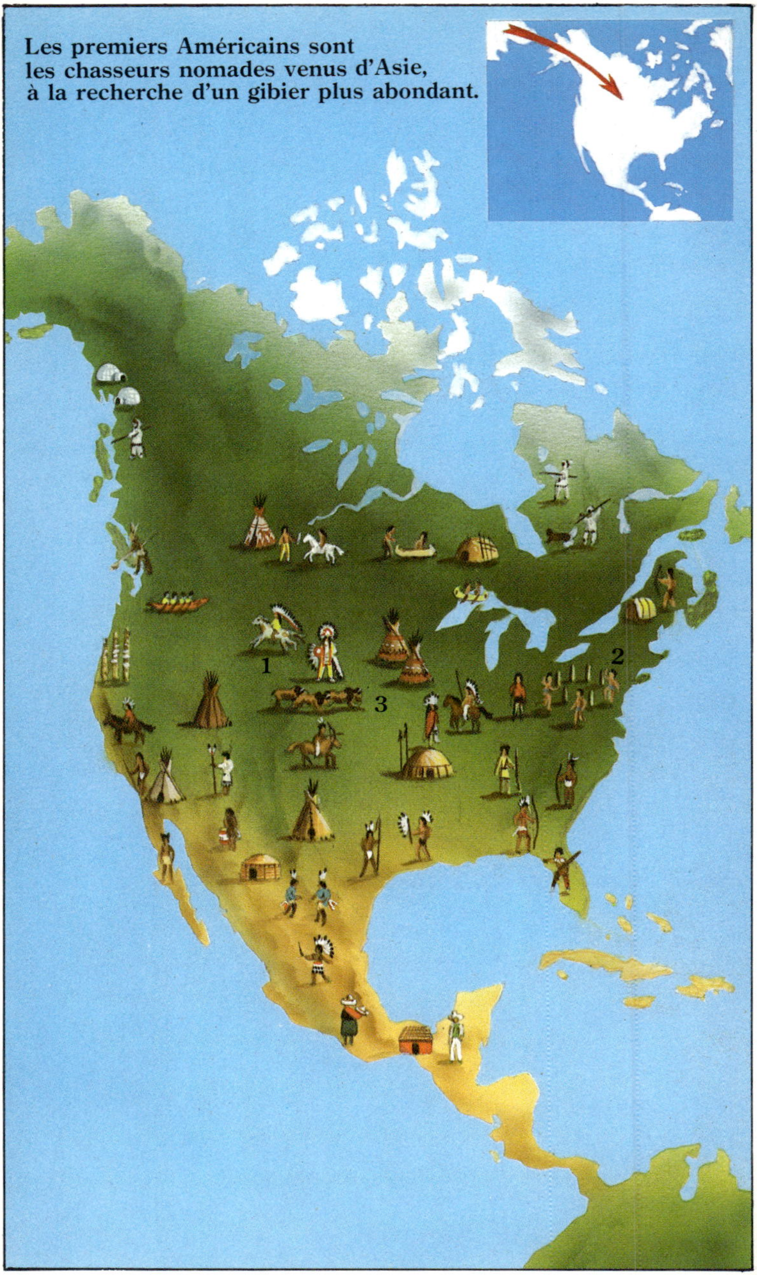

Le long chemin des Indiens. Regarde une mappemonde, et tu verras qu'entre l'Asie et l'Amérique, tout au nord, il n'y a qu'un étroit couloir de mer : le détroit de Behring. Plusieurs fois, le climat de la terre s'est refroidi. Ce bras de mer s'est transformé en un pont de glace. C'est par ce passage que des chasseurs d'Asie ont gagné le continent américain, il y a trente-cinq mille ans. Certains sont restés au nord et se sont divisés en plus de mille tribus, parlant chacune leur langue. Ils se sont installés dans les plaines, les forêts, les montagnes ou les déserts. D'autres sont allés en Amérique du Sud.

1. Cheyenne en tenue de cérémonie

2. Iroquois

3. Pawnee

Les Indiens adorent l'aigle et le capturent pour ses plumes. Le chasseur se cache puis l'aigle vient manger l'appât.

Pueblos, Navajos et Apaches vivent dans le sud-ouest, près du Mexique. Un pays de soleil, de canyons et de déserts. En irriguant ces terres arides, les Pueblos cultivent du maïs, du tabac et des légumes. Ils bâtissent à flanc de falaise de curieux villages aux maisons en terre où l'on pénètre par le toit.

Le chasseur bondit et l'attrape. Avec les plumes sacrées de l'oiseau, il fait une parure de guerre.

Leurs grands ennemis sont les Apaches, qui vivent de chasse et de pillage. Ils sont les premiers Indiens à découvrir le cheval, ramené par les Espagnols, alors qu'il avait disparu du continent depuis la préhistoire. Les Navajos, eux, sont de bons artisans. Ils font des poteries, des couvertures, des bijoux.

Pays de forêts, de grands lacs et de rivières, le nord-est du continent américain est le domaine des **Hurons** et des **Iroquois.**

Le castor est utilisé pour sa fourrure et sa viande.

Les Indiens ne manquent pas de ressources : ils pêchent, ramassent des coquillages, courent les bois à la recherche de gibier et défrichent la terre pour y cultiver maïs, haricots ou courges. Ils ont aussi appris à affronter les terribles hivers : des fourrures les protègent et des raquettes leur permettent de se déplacer sur la neige et de continuer à chasser. Le bois des bouleaux permet de tout faire : les longues maisons iroquoises et les légers canoës d'écorce, les outils et les remèdes.

Les Indiens du Canada chassent l'élan.

Ils attrapent des oursons pour les élever. L'ours est un de leurs animaux préférés.

Des Indiens marins

Tout au long de la côte pacifique, les Indiens vivent des richesses de la mer : coquillages, poissons, phoques, morses, requins et même baleines, que les Nootkas et les Makahs chassent à bord de leurs grands canoës taillés dans les cèdres qui bordent le rivage.

Qu'est-ce qu'un totem ?

C'est un immense mât de bois sculpté et peint, qui représente à la fois les glorieux ancêtres et les animaux que le clan a choisi d'adorer. C'est autour de lui que se déroulent les grandes cérémonies des Indiens de la côte ouest.

Le totem est parfois dressé devant la maison, pour protéger ses occupants. Sa base est alors découpée pour servir d'entrée.

Cheyennes, Arapahos, Kiowas, Sioux, Comanches, Pieds-Noirs... sont les tribus des grandes plaines du centre des Etats-Unis. Nomades et chasseurs, la plupart de ces peuples suivent les migrations des grands troupeaux de bisons dont leur chasse règle toute la vie. Tous les Indiens n'habitent pas des tepees.

A chaque tribu sa maison : tentes, huttes de terre ou d'herbes séchées. Pour construire un tepee, les Indiens assemblent une vingtaine de perches autour d'un grand cercle. Ils les recouvrent de peaux de bisons.

Ils laissent au centre une ouverture pour laisser sortir la fumée. Lorsqu'il fait trop chaud, ils soulèvent quelques peaux.

Les Indiens n'ont pas toujours connu les chevaux. Jusqu'au XVIIIe siècle, les chiens les aidaient à transporter leurs fardeaux.

Le plus ancien moyen de transport, le travois

Le cheval les fascine. Les Comanches l'appellent chien-sacré et les Sanis, sept-chiens.

Dessins et sculptures honorent la mémoire des chevaux morts au combat.

Il devient un compagnon indispensable pour la chasse, la guerre et le transport. Les Indiens le capturent, l'échangent ou même le volent. Plus ils en possèdent, plus ils sont riches. Les Indiens sont de très bons cavaliers. En une journée, ils peuvent attraper et dresser un cheval.

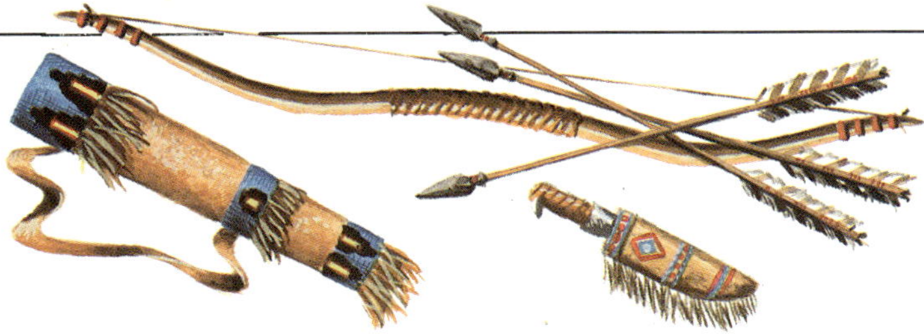

Dans les plaines américaines vivent d'immenses troupeaux de **bisons,** des animaux sauvages et très puissants, pesant presque une tonne.
Avant de partir pour la chasse, les chasseurs dansent pour apaiser l'esprit du bison.
A cheval, armés d'arcs et de javelots, ils foncent sur le troupeau et tirent à bout portant.

Les chasseurs à pied se cachent sous une peau de loup pour approcher et encercler les bisons.

Dans le bison, tout est utile : viande, graisse, fourrure, peau, os et cornes.

Mocassins en peau brodés de perles
La viande de bison est consommée fraîche ou séchée.
Tannage du cuir

Une parure de turquoises

Tissage d'une couverture

Tanner les peaux, faire sécher la viande, confectionner le tepee, tisser les couvertures et décorer les mocassins : les chasseurs et leurs squaws sont d'habiles artisans.

Au village, ce sont les femmes qui organisent la vie quotidienne

Elles s'occupent de la nourriture, des vêtements, de l'installation ou du démontage des tepees. Un chasseur peut avoir plusieurs femmes et donc beaucoup d'enfants. Chaque naissance est une grande joie pour le clan.

Les fillettes restent au village où, tout en jouant, elles commencent à aider leur mère. Les jeunes garçons s'entraînent à la course et au tir à l'arc, en attendant le grand jour où leur père leur offre un poulain et les emmène avec lui.

Pour être purifié, le corps doit passer du chaud au froid. D'abord dans cette “loge à sudation”, puis dans la rivière.

Pour être chasseur ou guerrier, il ne suffit pas de savoir monter à cheval et manier l'arc : il faut être **initié. Chez les Indiens, tout est lié à la religion.** Pierres, plantes, animaux et humains sont les enfants d'un seul grand esprit, que les Algonquins appellent Grand Manitou.
Tout ce qui existe doit être respecté. Si on doit couper un arbre ou tuer un animal, il faut, à l'avance, en demander pardon aux esprits. Pour passer de l'adolescence à l'âge adulte, il est indispensable de connaître ces règles.

Le calumet est un rite très important. Les Indiens fument du tabac pour se rapprocher des esprits.

Le shaman occupe dans la tribu une place essentielle. Il est devin, guérisseur, et sert d'intermédiaire entre le monde invisible des esprits et le monde des humains. Auprès de lui le jeune garçon apprend les mystères de la nature et les règles à respecter. Il doit passer des épreuves : d'abord purifier son corps, puis s'isoler plusieurs jours sans nourriture en attendant que les esprits le visitent.
S'il a, par exemple, la vision d'un aigle, il sait que celui-ci sera désormais son génie protecteur.

Avec une balle
tous les jeux sont possibles.

Les jeux des Indiens

Même si leur vie n'est pas facile et s'ils ont souvent faim, les Indiens savent rire, jouer, parier.
Un des jeux les plus étonnants est celui de la **crosse.**

Jeu d'osselets : il faut faire passer
l'aiguille dans les petits os.

Plusieurs centaines de participants, divisés en deux équipes, cherchent tous à envoyer la balle dans les buts adverses en la frappant avec une crosse. Une partie peut durer une journée entière.

Deux joueurs essaient d'attraper
avec leurs javelots un anneau
qui roule.

L'arrivée des hommes blancs

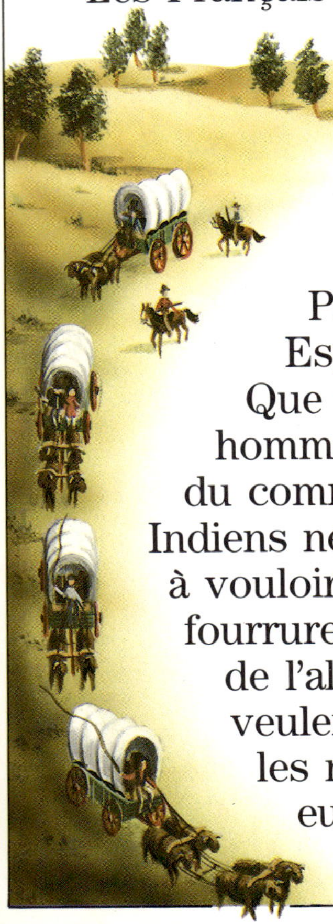

Les Français s'installent au Canada et en Louisiane. Les Anglais, venus avec le *Mayflower,* sur la côte est. Les Russes viennent par le Pacifique et les Espagnols par le sud. Que veulent donc tous ces hommes blancs ? Faire du commerce bien sûr, et les Indiens ne sont pas les derniers à vouloir troquer leurs fourrures contre des fusils ou de l'alcool. Mais les Blancs veulent surtout s'approprier les nouvelles terres. Avec eux commence la fin du règne des Indiens.

Cela ira très vite. Les Blancs sont de plus en plus nombreux. Il leur faut davantage de place. Les Indiens ne s'en méfient pas. Ils croient à la parole et aux traités. Pourtant, il leur faudra se battre pour défendre leurs terres et leur nourriture car les Blancs exterminent leurs bisons.

Little Big Horn. 25 juin 1876. Sioux, Cheyennes et Arapahos, avec Crazy Horse et Sitting Bull à leur tête, livrent bataille aux Américains : le général Custer est vaincu. Mais cette victoire vient trop tard. Les Indiens sont épuisés, affamés et désunis.

Le 29 décembre 1890, le massacre de Wounded Knee met fin à la dernière résistance indienne. Les rescapés prennent le chemin des sinistres réserves dans lesquelles vivent encore un million et demi de leurs descendants.

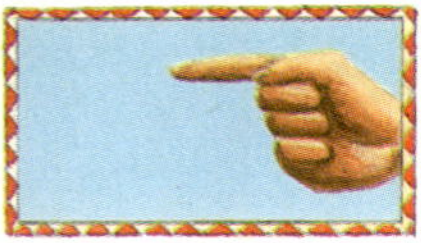

Comanche. Imite le mouvement du serpent.

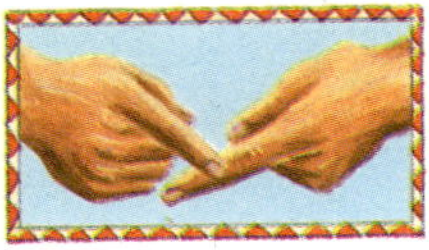

Cheyenne. Fais semblant de te couper l'index.

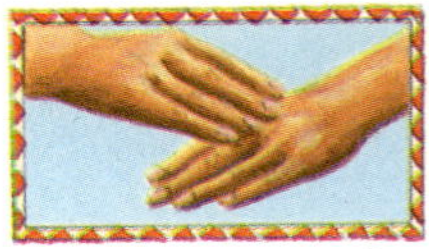

Indien. Frotte-toi 2 fois la main gauche.

Pawnee. Fais un V avec l'index et le majeur.

Crow. Pose ton poing sur ton front.

Sioux. Fais semblant de te couper le cou.

Les tribus des plaines parlent toutes des langues différentes. Pour se comprendre, elles ont inventé un système de signes que même les blancs ont fini par apprendre.

Le langage des mains permet de désigner aussi bien des noms de tribus que d'animaux ou d'objets.

1. Salut 2. Combien 3. Castor 4. Ami

Souvent des mouvements du corps accompagnent les gestes de la main. Pour dire “combien” il faut se mettre de profil.

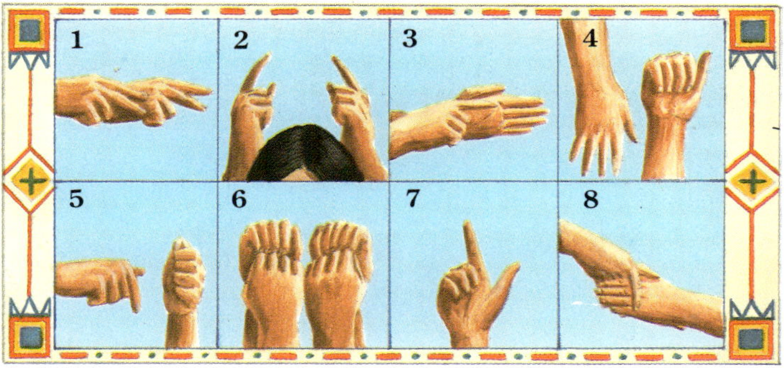

1. Chien
5. Arc
2. Bison
6. Conseil
3. Ne pas pouvoir
7. Lune
4. Mauvais
8. Cheval

Les mains, les gestes, les peintures du visage ont leur langage.

A déjà tué un ennemi.

Peinture de guerre.

Pour qu'une pluie arrose le maïs.

Après l'orage et les éclairs, la pluie.

1. A touché un ennemi.
2. A tué avec les poings.
3. A découvert l'ennemi.
4. A tué d'un coup de fusil.
5. A été blessé plusieurs fois.

LE NUAGE

Le nuage dit à l'Indien :
« Tire sur moi tes flèches,
Je ne sentirai rien. »

« C'est vrai, rien ne t'ébrèche,
Répond le sauvage,
Mais vois mes tatouages !
Rien de pareil sur les nuages. »

Robert Desnos
Destinée arbitraire
Gallimard

VOCABULAIRE

Papoose : enfant.
Squaw : femme.
Sachem : chef de tribu chez les Iroquois.
Manitou : esprit suprême chez les Algonquins.
Tomawak : casse-tête, c'est-à-dire massue en pierre avec un manche en bois chez les Hurons et les Iroquois.
Mustang : cheval sauvage.
Visages pâles : nom donné par les Indiens aux blancs.
Wapiti : cerf.